BUZZ

HOMEM QUE SENTE

Para L.,
onde você
estiver.

Publisher ANDERSON CAVALCANTE
Editora SIMONE PAULINO
Projeto Gráfico ESTÚDIO GRIFO
Revisão LIVIA LIMA e MARCELO LAIER

Dados Internacionais de Catalogação na Publicação (CIP)
(Câmara Brasileira do Livro, SP, Brasil)

    Jacob, Matheus
    Homem que sente / Matheus Jacob
    São Paulo: Buzz Editora, 2016.
    144 pp.

ISBN 978-85-93156-00-7

1. Crônicas brasileiras I. Título.
16-07832   CDD-869.8

Índices para catálogo sistemático:
1. Crônicas: Literatura brasileira 869.8

Todos os direitos reservados à:
Buzz Editora Ltda.
Rua do Rócio, 463
Cep: 04552-000 São Paulo, SP

[55 11] 4301-6421
contato@buzzeditora.com.br
www.buzzeditora.com.br

HOMEM QUE SENTE
MATHEUS JACOB

Este livro nasce em um momento bastante especial da minha existência. Traz, de um lado, os fragmentos do meu passado anteriormente escritos de forma anônima. As confissões de um *homem que sente*. Porém, vai além. Ele traz também o meu amadurecimento como escritor. Reflexões sobre o mundo – mais filosóficas e realistas. A diferença entre os dois lados? Nenhuma. O valor de cada palavra está no encantamento de quem as lê. Razão e sensibilidade reunidas ao longo dos meus dias. Pertencem a mim? Não. Pertencem à vida. Servem para todos nós. Inclusive para este autor.

PREFÁCIO

Homens sentem. Não se engane com tolos preconceitos. Sentimos todos. É o *ser* humano. É o *ser* do homem.

Sinto, logo existo. Descartes compreenderia os meus motivos em contradizê-lo. Afinal, constantemente sentimos. Nós sentimos o tempo e o espaço. O amor e a solidão. O *sentir* é por si só uma inegável certeza sobre a nossa existência.

Uma existência nem sempre tão prazerosa assim. Quantas vezes não somos atingidos por inexplicáveis tristezas e angústias? Quantas vezes não nos sentimos completamente entregues aos delírios das paixões? Aos olhos da razão, a força da alma e suas pulsões nos parecem tantas vezes uma força incontrolável. Capaz de nos conduzir para perigosos e tortuosos caminhos. Diante deste gigantesco caos e suas consequências, alguns se sentem ameaçados. Sentem medo do próprio *sentir* e se escondem em frágeis casulos. Outros tentam se esconder atrás das frias capas da aspereza. *Somos homens frios e fechados*, eles dirão. Enxergarão a sensibilidade com um certo desdém, confundindo fragilidade com fraqueza. São todas tolas tentativas de se proteger da profundidade da vida. Afinal, basta o simples uso da razão para compreender o quanto é inútil tentar renunciar ao sentir. Nós simplesmente não conseguimos.

Ainda assim, sou capaz de entender estes receios. São tempos difíceis. Nós nunca estivemos tão livres para viver. Uma liberdade presente nas mais variadas esferas do nosso cotidiano. Somos livres para o amor. Para a felicidade. Somos até mesmo livres para encontrar um sentido maior para a nossa existência. Ainda estamos, é claro, distantes da total igualdade e ausência de preconceitos. Porém, algo é inegável: nunca estivemos tão livres.

Uma condição única aos homens. Uma liberdade capaz de nos presentear com sentimentos como o amor e a empatia, algo muito além do simples afeto. Porém, uma liberdade também capaz de nos trazer o ódio e a indiferença. Assim, nascem em nós as mais variadas paixões e os descasos. Assim, nascem em nós as mais belas amizades e tristes egoísmos. *Somos livres para amar, mas também somos livres para (nos) iludir.*

São os dois lados de um único mundo: o real.

Um mundo retratado neste livro. Nas próximas páginas, você encontrará fragmentos reunidos ao longo da minha existência. Alguns olham para os meus sentimentos. As minhas paixões e angústias. São *confissões poéticas.* Outros observam o mundo e os seus desvios. A realidade atual de cada um de nós. São *reflexões filosóficas.*

Razão e sensibilidade agora reunidas.

Não espere palavras superficiais. São as minhas mais profundas verdades. Afinal, entre os homens, já existem suficientes mentiras.

NÃO ALIMENTE
AS EXPECTATIVAS.
ELAS MORDEM.
R

Lamentar menos, esperar menos, amar mais. O gênio? André Comte-Sponville. Passado e futuro são inexistentes. Nascem da nossa insegura tentativa de enxergar o tempo como uma linha. Na verdade, a vida é um só ponto. No passado, residem apenas as lembranças do que já foi. Do outro lado, estão somente as esperanças pelo o que há de vir. Nada além disso. Então, não alimente as mágoas. Não cultive também as expectativas. Até mesmo a mais criativa das ansiedades é incapaz de superar as graças da vida. Nos resta, com muito prazer, desfrutar o instante presente. Não lamentar o passado ou esperar por um inexistente futuro. Pareço pessimista? Apenas pareço. Por trás destas palavras reside o mais realista otimismo. Afinal, a sua prática nos torna livres para amar o agora (e amar agora). É nesse instante do tempo que a felicidade existe. Exige coragem, eu sei. Exige a capacidade de lidar com o incerto e não esperar nada do amanhã. Ousado demais? Talvez. Mas prefiro não alimentar as expectativas. Afinal, elas morrem.

**AMOR É
SE ENCANTAR,
NÃO SE ILUDIR.**

Verbos tão próximos, ainda assim tão distantes. *Ilusão* é apenas uma distorção da percepção. O não real. Infelizmente, um *apenas* não tão apenas assim. Afinal, os seus possíveis estragos são devastadores. Esmagam até a mais resistente das almas. Todos nós conhecemos bem os seus destrutivos efeitos. *Encantamento* é o exato oposto. É leve. É a genuína capacidade de se alegrar pelo verdadeiro. Não desejar o ausente, mas contemplar o presente. É a diferença entre o desejo de Platão e o amor de Aristóteles. Obviamente, os dois existem em nós. Mas o primeiro é insaciável. Um insustentável vazio. O segundo nos preenche. É encontrar nos mesmos olhos constantes razões para o amor. Mesmo quando todos os defeitos já nos forem conhecidos. Quando não existirem mais descobertas ou *conquistas*. Uma linha perigosa e tênue. Afinal, nada nos *pertence*. Nada é *conquistado*, exceto o instante presente. Nele, o amor é simples. É sempre se encantar e não se iludir.

**AME AO PRÓXIMO,
SEM DESTRUIR A TI MESMO.**

Amor próprio. São palavras marcadas com falsas promessas de felicidade. Eu raramente as escrevo, evitando as manchas do seu uso desmedido. Ainda assim, não poderia deixar de esclarecê-las. Para alguns pensadores, amor próprio é um instinto nato de sobrevivência. Um sentimento profundo, presente até mesmo nos antigos mandamentos. Ame ao próximo *como ama a ti mesmo*. A minha visão religiosa? Pouco importa. O valioso é reconhecer, já na Antiguidade, relatos sobre o respeito ao próprio ser. Um genuíno amor ao *eu*. Infelizmente, perdemos parte dessa pureza nas últimas décadas. Entre as tantas ilusões enaltecidas pelos poetas românticos, nos esquecemos da nossa relativa independência. A minha sensibilidade reconhece a sua culpa por esse veneno. Por sorte, a minha razão atenua os seus efeitos. Não me julgue ousado nas próximas palavras. São extremamente necessárias entre as covardias do nosso tempo. Ame ao próximo, *sem destruir a ti mesmo*.

**NÃO FAÇA
DA FELICIDADE
UMA ILUSÃO.**

Fernando Pessoa bem antecipou os riscos dos nossos tempos. *Nunca conheci quem tivesse levado porrada. Todos os meus conhecidos têm sido campeões em tudo.* Essa é a nossa atual realidade. Transformamos a felicidade em uma ilusão. Em instantes compartilhados, infelizmente não em seu mais valioso sentido. Não é mais um sincero dividir, porém apenas uma exposição. *Compartilhar.* Apenas uma vitrine. Os seus riscos? O irrealismo. A total ausência de lucidez se acreditarmos que a vida se reduz a um álbum de belas praias e conquistas. Assim, nos tornaríamos escravos das inseguranças alheias. Vítimas das ilusões criadas por almas ansiosas em se sentirem amadas. Não transforme a felicidade em um pedestal inatingível. É preciso ter (e saber manter) uma sensata sabedoria diante desses riscos. A maturidade de enxergar a felicidade dentro da nossa própria existência e não fora. É compreender e viver, ao invés de admirar e se iludir. É ser feliz por amar a vida; e não amar a vida apenas quando for feliz.

**O AMOR É
O ENCONTRO ENTRE
DUAS SOLIDÕES.**

Nenhum homem é uma ilha, escreveu o poeta inglês John Donne. Logo, não amamos sozinhos. Podemos até mesmo amar em solidão, mas não em isolamento. São caminhos bastante distintos. Eu carinhosamente explico. Toda alma nasce e morre só. Sentimos e percebemos o mundo sempre em nós mesmos. Aqui, não se deixe enganar: solidão não significa tristeza. É uma das condições fundamentais de nossas vidas. O amor é então o encontro entre duas solidões. O lindo encostar de duas solitárias almas durante a vida. Já o isolamento, seria o eterno viver dentro de uma caverna. O total distanciamento do mundo. Algo humanamente impossível. Assim, encontraremos outras almas pelo caminho. Morais ou não. Gentis ou egoístas. Em outras palavras, vivemos entre o amor e canalhas. É inevitável. Carregamos inclusive estes dois universos dentro de nós mesmos. A sabedoria? Saber cultivar o melhor lado. Em pensamentos e gestos. Nas atitudes e compromissos. Afinal, somos todos solitários. Nada além disso. Não precisamos nos tornar todos igualmente vazios.

**O TEMPO SÓ CURA
O QUE JÁ ESTIVER DECIDIDO.**

O tempo cura tudo? Não. O tempo somente cura o que já estiver decidido. No fundo, uma verdade bastante simples. Os fins só são superados depois de se tornarem fins. Machucados apenas cicatrizam quando decidimos nunca mais tocar os descasos que tanto nos feriram. De nada vale esperar o tempo passar se insistimos em voltar para onde não deveríamos. Se continuamos revivendo as mágoas daqueles que não merecem mais um único instante das nossas vidas. Uma simples verdade, ainda assim tão difícil de ser vivida. Por quê? Talvez por medo. Talvez pelo receio da solidão e de perder algo que nunca nos pertenceu. De certa forma, nós sempre estaremos sozinhos. A solidão é inevitável. O sofrimento não. Uma hora podemos simplesmente deixá-lo para trás. Podemos decidir seguir. Uma generosidade não apenas com nós mesmos, mas também com o tempo. Afinal, além de escasso, ele só cura o que já estiver decidido. Então, por favor, evite os desperdícios.

**NÃO CONFUNDA
AMOR COM APEGO.**

Apego. A estranha incapacidade humana de se desprender do medo de perder. O desejo pelo pertencimento alheio – de forma total e inflexível. Desejar o outro por completo, sem nunca aceitar ou respeitar as suas transformações. *Amor?* Todo sentimento oposto ao descrito acima. A total ausência de gaiolas e o sincero respeito. Afinal, ninguém seria capaz de nos pertencer. Não pertencemos a nós mesmos, que dirá então ao outro. Essa é a fragilidade da vida. Muito além, nunca deveríamos procurar esse vínculo destrutivo. O apego é insaciável. Quanto mais possuo, mais desejo e mais me torno vazio. Um sentimento extremamente corrosivo. Do outro lado, está o amor. A prazerosa sensação de ser amado por um coração em sua total liberdade. A escolha de permanecer, sempre podendo partir. Vínculos soltos ao invés de sufocantes amarras. Um pensamento poético e conformado? Não. Um sentimento realista e decidido. Assim, cultivamos somente o verdadeiro. Não merecemos menos do que isso.

**NÃO CONFUNDA
DESAPEGO COM EGOÍSMO.**

Então, *o desapego*. Uma palavra em alta nos atuais dias. Infelizmente, temos o constante hábito de repetir conselhos sem ao menos entendê-los. Existem duas formas de desapego. A primeira, bem mais valiosa, é a compreensão da finitude da vida. Uma lição encontrada nas mais variadas filosofias. Compreender o valor do instante presente e do agora. Afinal, somente ele existe. Eu chamaria esse desapego de *maturidade*, para evitar confusões. Afinal, existe um outro uso bastante distinto da mesma palavra. É uma linha tênue entre o amor próprio e o descaso. O uso descartável e frio dos outros indivíduos. É preciso bastante cuidado com essa prática. Nietzsche já nos adiantaria há séculos sobre o seus perigos. *Destruir paixões para evitar as tolices alheias e suas desagradáveis consequências é uma tolice maior ainda.* É apenas um egoísmo. Inclusive, eu não chamaria esse distanciamento do mundo de desapego. Eu chamaria apenas de *covardia*.

**COLOQUEI
AS EXPECTATIVAS NA
GAVETA E FUI VIVER.**

Eu já esperei demais. De mim. Dos outros. Do desconhecido. Enquanto esperava, nada acontecia. Ou tudo acontecia, mas nunca como o esperado. Nenhum dos diálogos e caminhos eram exatamente como imaginei. Então, troquei o esperar pelo viver. Troquei as expectativas de mensagens nunca recebidas por presentes nascidos em qualquer esquina. Entregas sinceras e nunca antes planejadas, ainda assim inteiramente sentidas. Se eu desisti do futuro e de um certo cuidado? Longe disso. Eu aprendi a diferença entre medo e maturidade. Entre apenas esperar e realizar. A sabedoria de pisar em pedras e olhar o alto, ao invés de caminhar em nuvens vazias. O tal viver. Então, não se preocupe ao encontrar mais uma destas expectativas pela vida. A solução é simples (e bastante efetiva). Coloque-a na gaveta com as suas semelhantes. Com todas as demais ilusões presentes e ausentes em nossas vidas. Depois, vá embora. Elas se farão companhia.

**PERDOAR
NÃO SIGNIFICA
VOLTAR.**

Errar é humano. Perdoar também. Seguir em frente sem olhar para trás talvez seja mais humano ainda. Afinal, perdoar nunca significou voltar. Não significa aceitar os erros alheios e os seus desrespeitos. As hipocrisias. Em cada um dos nossos amores? Obviamente, mas também em todas as demais relações de nossas vidas. Desde os mais íntimos amigos até mesmo os estranhos desconhecidos. Perdoar é encontrar a leveza necessária para seguir novamente. Nada além disso. Não importa se juntos ou separados. Não importa se nos mesmos passos ou em caminhos distintos. É sempre uma escolha. Sua, inclusive. O essencial é estar em paz. É encontrar novamente uma identidade na qual se reconhecer e seguir. Até mesmo com possíveis mágoas e traumas, mas sem cultivar um perigoso e corrosivo ressentimento. Afinal, somos todos humanos. Não me consideraria capaz de julgar os demais. Longe disso. Ainda assim, algo eu sei bem. Eu com certeza não preciso mantê-los em minha vida.

**EM TEMPOS
DE AMORES LÍQUIDOS,
MANTENHA A ALMA
SÓLIDA.**

São tempos de amores líquidos. Caso você nunca tenha escutado o termo, são os laços frágeis e inconstantes dos nossos atuais dias. As mensagens nunca respondidas. A efemeridade dos sentimentos. Um excessivo descaso em cada um dos nossos compromissos. Infelizmente, todos nós conhecemos bem os seus efeitos. Ainda assim, quase nunca sabemos como agir diante disso. Basicamente, existem dois caminhos. O primeiro é o egoísmo disfarçado de desapego. Agir como os outros agem. Combater o efêmero com mais efêmero. Pessoalmente, não me agrada. Vejo a segunda opção como um caminho mais amadurecido. É a coragem de trazer para as nossas almas toda a solidez desfeita nos compromissos. Como? Conhecendo a nós mesmos e entendendo o mundo como verdadeiramente é. Não através de tolas ilusões e nostalgias. Assim, passamos a apoiar as relações em nossas almas. Não mais as nossas almas em relações líquidas. O motivo é bastante óbvio. Afinal, o amor não existe apenas para ser um simples apoio. Ele sempre pode partir.

**NÃO TENHA
MEDO DE SER**

LIVRE.

Ressentimento. Atribuir ao outro a responsabilidade pelo o que nos faz sofrer. É em si um dos nossos mais perigosos sentimentos. Por quê? Porque nos paralisa. Nos torna escravos diante das inevitáveis angústias e incertezas da vida. O seu lado bom? Nenhum. O ressentimento não traz qualquer amadurecimento. Não traz qualquer força para seguirmos. É um sentimento passivo. A completa negação da vida. Portanto, não se torne apenas mais um ressentido. Seja o seu verdadeiro *eu*, sem perder a sua potência diante das asperezas da vida. A sua autenticidade. *Não tenha medo de ser livre e explodir*, sem transformar o acaso e o descaso alheio nas frias grades da sua existência. Saiba enxergar a beleza da vida e o valor de cada um dos seus instantes. Não apenas quando estes nos trazem lágrimas, mas também quando nos fizerem rir. Liberte-se dos tolos medos e mágoas. *É preciso ter o caos dentro de si, para poder dar à luz uma estrela dançante,* diria Nietzsche. Não apague o seu, afogado em ressentimentos.

O BEM MAIS SINCERO
QUE ALGUMAS PESSOAS FAZEM
É SAIR DE NOSSAS VIDAS.

Obrigado, antes de mais nada. A vida é curta. Muito curta. Nela, certas pessoas simplesmente não se encaixam. Não deveriam. Amigos que depois se mostram não tão amigos assim. Amores que descobrimos serem apenas egoísmos. Muitas vezes, eles até passam despercebidos atrás de falsos carinhos. Atrás de tantos gestos vazios. Ainda assim, a gravidade de suas falsidades derruba qualquer máscara. Nesse momento, essas pessoas nos fazem o seu maior bem possível: saírem de nossas vidas. O tempo e o amor são valiosos demais. Raros e escassos demais para tantos desperdícios. Assim, essas pessoas nos preservam com as suas despedidas. Mostram quem verdadeiramente são e partem. Por sorte, sem nunca partirem por completo. Elas nos deixam uma lição de valor inestimável. Uma lição para toda a vida. Elas se tornam o melhor exemplo de quem nunca deveríamos ser. Obrigado.

**JULGAM O MEU
AMOR POR NÃO O
CONHECEREM.**

Talvez você nunca tenha amado. Não foram poucas as vezes que escutei essas palavras. Essa tola acusação. Porém, carrego em mim uma certeza: apenas a minha alma é capaz de saber o que sente. Somente a minha razão é capaz de encarar os olhos no espelho e dizer *É amor*. Por décadas ou segundos. Com quatro ou oitenta anos. Não importa. Somos eternos amantes. *Eu amei antes mesmo de saber falar. Espero amar quando não puder mais ouvir.* Julgarem o meu amor é uma áspera ingenuidade. Se não somos nem mesmo capazes de definir os motivos para o nascer de um amor, algo tão único e singular, que dirá então julgar os sentimentos alheios? Negar a sua existência ou chamá-los de ilusão? Não deveríamos. É um tolo receio ou uma irrealista sensação de superioridade diante da nossa indiscutível capacidade de sentir. Um sentir inexplicável. Sentimentos alheios, eu não julgo. Os meus? Apenas vivo. Afinal, o amor é a dádiva do meu ofício.

**POR QUANTAS
ETERNIDADES VOCÊ
REVIVERIA A SUA
VIDA?**

Nietzsche em sua sabedoria nos disse: *se você estivesse destinado a reviver a sua vida infinitas vezes, na completa repetição de todos os instantes, como reagiria? Enxergaria esse eterno retorno como uma dádiva ou como uma condenação?* Não foram essas as suas exatas palavras. Porém, o pensamento em si é de beleza única para refletirmos sobre a vida. Se cada instante fosse eternamente ecoado, agiríamos da mesma forma em todas as nossas decisões? Ou o infindável repetir dos nossos gestos nos faria agir de formas distintas? Talvez guardássemos menos mágoas. Talvez arriscássemos mais sem o medo de tantos julgamentos. Próprios e alheios. Não diríamos aos nossos amados o quanto os amamos? Não apenas às paixões, mas também aos nossos pais e amigos? Em outras palavras, nós teríamos orgulho do nosso *eu*? Não é uma apreciação fácil. Exige atenção e profundidade. Ainda assim, seu aprendizado é de valor inestimável. Afinal, o conceito do *eterno retorno* é bastante sábio. Principalmente se só existir uma vida.

NÃO SE DIMINUA
PELOS OUTROS SEREM
TÃO POUCO.

Cansa, eu sei. Afinal, os valores humanos andam extremamente escassos. Tantos desrespeitos e descasos, tantas mentiras e egoísmos. Ainda assim, não se diminua. Decepções como essas fazem parte do viver. Seria tolice imaginar o oposto. Quando as encontramos, existem duas opções. A primeira é nos igualarmos justo àqueles que mais nos machucaram. Nos tornarmos igualmente descrentes de valores morais. De qualquer preocupação com o coração alheio. É combater o vazio com vazio. A escolha oposta é a minha eterna preferida. É superar a canalhice alheia em vez de se aproximar da mesma. Não ser ingênuo, é claro, diante de tantas covardias. Ainda assim, não se diminuir. É um amadurecer árduo. Não nego. Talvez fosse mais fácil simplesmente se acomodar. Transformar-se em mais uma destas almas vazias, condenadas pelo mundo a somente existir. Sinceramente, não vejo a menor graça. Afinal, ter valor é raro. Moeda de troco já não falta por aí.

**MUITOS
QUEREM AMOR.
POUCOS QUEREM
AMAR.**

Querer amor é fácil. Sentir-se seguro. Desejado. Diminuir o nosso tão inevitável e natural vazio. Quem não desejaria esse sentimento? Sentir a admiração de um outro alguém pelas nossas imperfeições. Um cuidado pelas nossas mágoas. Saber que encontramos um lugar no mundo, mesmo quando tudo mais parece não fazer sentido. Eu desejo um amor. Todos desejam. Infelizmente, poucos querem amar. Poucos entendem o *amor verbo*. A verdadeira entrega e não apenas o desejo de receber. É estar sempre ao lado para ouvir os desabafos, não importa quantas vezes eles sejam necessários. É estar ao lado nos dias cinzas. Obviamente, entrega não significa submissão. Não significa aceitar constantes desrespeitos ou mentiras. Significa doar-se. Abraçar as necessidades de alguém como se fossem suas. Ou seja, olhar um pouco além do próprio *eu*. Afinal, todos desejam carinho. Todos desejam cuidado. Mas poucos são capazes de também deixar os abraços disponíveis.

É ~~IMPOSSÍVEL~~
NECESSÁRIO SER
FELIZ SOZINHO.

Assunto já gasto? Provavelmente. Talvez não com o meu ponto de vista. Mais realista e perturbador. Ainda assim, com toda a leveza da sua veracidade. É *a vida como ela é*, nos diria Nelson Rodrigues. Nela, o homem nasce e morre só. Sente, reflete e ama sozinho. É inevitável. Algumas vezes, os nossos sentimentos até serão recíprocos. Contudo, são sempre nossos. Somente nossos. Os gestos e declarações são árduas tentativas de mostrar para o mundo todo o nosso caos interior. De encostar as nossas solidões pelo caminho. Afinal, os outros nos tocam e nos entendem. Completam e refletem a nossa existência, trazendo infinitos sentidos e sentimentos à vida. Ainda assim, a nossa felicidade é somente nossa. Mesmo quando compartilhada, mesmo quando capaz de inspirar outros sentimentos, ela estará sempre dentro do próprio peito. Em sua essência, a felicidade é solitária. O tal *ser feliz sozinho* está longe de ser impossível. Está longe de ser um pedestal inalcançável. Na verdade, é uma maturidade bastante realista. Inclusive, admirável.

A TRISTEZA
É UMA DAS INEVITÁVEIS
ESTAÇÕES DA VIDA.

Hoje choveu. Não lá fora. Hoje choveu em mim. Ainda assim, eu não tentei me proteger. Eu não procurei inúteis abrigos na esperança de escapar dos meus dias cinzas. Eu simplesmente senti. Eu deixei cada gota gelada percorrer o meu rosto, cumprindo o propósito da sua existência. Como pequenas bailarinas, capazes de esvaziar a estranha tristeza nascida em minha alma. Eu não ergui falsas capas para me esconder. Seriam apenas palavras e atitudes plastificadas, incapazes de me permitir existir. Não me deixariam respirar. Não deixariam o ar gelado percorrer todo o meu corpo. E esta é a única leveza capaz de me acalmar agora. Tolice seria não permitir chover. Não permitir ventar. Eu apenas eternizaria a existência de cada nuvem, tornando a imensidão do tempo incapaz de arrastá-las. Hoje, não. Hoje, eu deixei cada fria gota tocar a minha alma sem qualquer punição. Afinal, a tristeza é uma das inevitáveis estações da vida. Sem ela, eu não existiria. Com certeza não. Como não existiriam também cada uma das minhas calorosas alegrias.

**NÃO EXISTE
AMOR SEM LIBERDADE.**

Ser livre para amar e amar por ser livre. Se apenas uma única verdade pudesse ser escrita sobre o amor, essa seria a minha. Traduz toda a essência do meu pensamento. Apesar de poética, é bastante realista. Nunca em toda a história estivemos tão livres para amar. Obviamente, ainda distantes da perfeita igualdade entre todos os indivíduos. Da total ausência de julgamentos. Mas algo é inegável: evoluímos. O amor como conhecemos hoje nasce com essa liberdade. Preservá-la é fundamental para que o sentimento permaneça vivo. Enxergar o outro como um ser totalmente livre e não como uma extensão do meu *eu*. Reconhecer a sua independência e a beleza de poder me escolher entre tantas possibilidades. Mais ainda, aceitar se um dia deixar de ser a alma escolhida. Afinal, a liberdade do outro é o reflexo da minha. Sem ela, não existiria o amor. Inclusive na sua mais prazerosa forma: a recíproca.

**EVITE AS MENTIRAS.
PRINCIPALMENTE AS PRÓPRIAS.**

A coragem e a verdade me encantam. É uma paixão declarada em cada uma das minhas entrelinhas. Do outro lado, deixo explícito também. A mentira e as covardias me causam uma profunda angústia. Inquietam a minha alma. Os motivos são bastante sinceros, obviamente. Para mim, a razão e a sensibilidade são as mais valiosas virtudes humanas. Elas não estão sujeitas aos desgastes do tempo como está a beleza. Ou não são inconstantes como a riqueza. Elas nos acompanham até o nosso último instante de lucidez e do sentir. Mentir a si mesmo e aos outros é apenas uma covarde tentativa de enganá-las. De ofender a razão e a sensibilidade com tudo o que não é verdadeiro. Evite essas violências. Presenteie-se com a verdade. Não mascare a vida com falsos coloridos e palavras ilusórias. São somente fraquezas para anestesiarmos o medo. São somente falsas redes de proteção em nosso existir. Eu até entendo as suas tentações. Afinal, a vida não é um percorrer fácil. Ainda assim, é um percorrer único. *Sinceramente*, eu prefiro vivê-lo.

TODO FIM É TRISTE,
MAS PERMANECER PODE
SER MAIS TRISTE AINDA.

É inevitável. Todo fim é triste. Nós simplesmente não nascemos preparados para términos. Para o fim de cada uma das certezas de nossas vidas. Aliás, não nascemos preparados para o fim da vida em si. Ainda assim, lembre-se: permanecer poder ser uma escolha mais triste ainda. Permanecer onde já existiram tantos outros fins. Onde já existem tantas outras ausências. Então, tenha coragem. Tenha a coragem de procurar o caminho aparentemente mais árduo, pelo menos nos primeiros passos. Depois, tudo se torna mais leve. Depois, tudo se torna inteiro novamente. Infelizmente, nada é eterno. Felizmente, a tristeza também não. Esperar a poeira baixar? Não. Longe disso. A poeira apenas se acumula no que estiver imóvel. Então, saiba seguir. Permanecer pode representar uma tristeza ainda maior. Pode causar uma tristeza sem fim.

**ENTRE.
SÓ NÃO PIORE
A BAGUNÇA.**

Nunca foi fácil. Eu carrego no peito os lençóis desarrumados de outros tempos. Pedaços pelo chão daqueles que partiram, sem nunca me avisar. São discos e romances que nunca me pertenceram. Eu sei, eu poderia trancar a porta. Esconder do mundo todo o caos da minha própria existência. Ainda assim, eu mantenho o coração aberto. Eu arrisco. É claro, o sofá já está mais surrado e maduro. Mas continua macio. O café está mais amargo com o passar dos danos, mas não perdeu o seu calor. O meu calor. Então, entre. Em troca, peço somente um leve cuidado. O carinho de não trazer mais rachaduras e vazamentos. Não quebrar novos vasos e veias pelo caminho. O tempo já me escorreu pelos dedos enquanto eu tentava consertar o passado. Hoje, quero apenas o presente. Traga as suas mais sinceras entregas e pendure-as onde desejar. Nós podemos repintar algumas destas paredes descrentes e cinzas. Se quiser, eu empresto uma das minhas velhas camisas. Afinal, a alma está sempre aberta. Só não piore a bagunça.

**SINCERIDADE MACHUCA.
DESCONFIANÇA MATA.**

Ser transparente não é sempre prazeroso. Um amor construído com sinceridades é capaz de machucar. Ainda assim, a confiança conquistada faz valer cada tristeza. Cada um dos possíveis desgostos e conflitos. A sinceridade nos mostra que existe, acima de tudo, o respeito ao outro. São dores causadas por acontecimentos concretos. Verdadeiros. Do outro lado, está a desconfiança. Sempre especulativa. Ela cresce e se alimenta de obscuros fantasmas, ocupando os cantos mais destrutivos da nossa imaginação. São caminhos extremamente corrosivos. Neles, até mesmo o mais insignificantes dos desentendimentos adquire proporções gigantescas. Obviamente, a sinceridade plena não é um caminho fácil. É entregar ao outro o mais verdadeiro respeito, desde os primeiros olhares até os profundos e dolorosos erros. Causará mágoas? Inevitavelmente. Ainda assim, o amor sobrevive. Porque a sinceridade apenas machuca. Nada além disso. A desconfiança, não. Aos poucos, ela sufoca qualquer amor. A desconfiança mata.

UM DIA, EU DEIXEI DE
CORRER ATRÁS DA FELICIDADE.
AGRADECIDA, ELA VEIO BATER
EM MINHA PORTA.

A felicidade é uma graciosa criança. Ela não se interessa por desesperados adultos empoleirados à sua volta. Ela é atraída pelos distraídos. Eu sei bem. Eu já busquei a felicidade como uma condenável obrigação. A incansável perseguição por certezas e sentido, como se pudesse encontrar no tempo uma confortante razão para o meu existir. Nessa eterna caçada, desperdicei anos da minha vida. Até que um dia eu entendi. Eu não preciso perseguir a felicidade como o último trem de uma madrugada fria. Desesperadamente. Não. Eu deveria apenas viver. Uma hora, ela me encontraria. Ou passaria a me encontrar todas as horas, quando eu finalmente entendesse o seu verdadeiro sentido. Essa é a graça da felicidade. Ela se encanta pelos distraídos. Os despreocupados, preocupados somente em viver. Guimarães Rosa sabia bem. *A felicidade se acha em horinhas de descuido.* Eu ainda acrescentaria. É preciso calma, se você quiser notá-la.

**AME
EM TEMPO
PRESENTE.**

Não somos constantes. Somos constantes confusões. Pensamentos e emoções capazes de escapar até a nós mesmos. Vale para todos nós. Vale para todas as almas pelo caminho. Infelizmente, somos receosos. Tememos as transformações. Não somente as próprias, mas também as alheias. Afinal, elas nos atingem. Assim, passamos a enxergar o outro como um retrato. Como uma antiga fotografia, condenada ao eterno inflexível. Uma grande tolice. A sua recíproca seria escutarmos de alguém as seguintes palavras. *O meu amor é pelo seu eu atual, então nunca mude.* Um pensamento extremamente egoísta. O amor é transitoriedade. É preciso amar em tempo presente. Lembrar com carinho das primeiras alegrias e dos motivos pelos quais tudo começou. Ainda assim, dedicar-se todos os dias para construir novos motivos. Talvez, um dia, nós nos perderemos. Deixaremos de ser íntimos amantes para nos tornarmos estranhos conhecidos. Nesse dia, o nosso amor seguirá eterno. Mas sozinho em seu próprio caminho.

– **ESTADO CIVIL?**
VIVENDO.

Acontece com todo mundo. *E você*? Está namorando? Está *solteiro*? Eu? Eu estou vivendo. O viver me basta. Deveria bastar. Entendam: relações não são noticiadas. São vividas. Os casais mais encantadores que já encontrei nunca esperaram por essas definições. Eles são o que são, independentes das fases de suas vidas. Independentes de tolos rótulos criados para nos encaixarmos como produtos em uma vitrine. Nós não somos embalagens com conteúdos eternamente fixos, embora alguns sempre pareçam tão vazios. Nós somos seres vivos. Essa é a minha definição. Então, eu vivo. Eu vivo uma relação em plenitude, enquanto ela existe, com todas as suas entregas e devidos respeitos. Como vivo também o meu *estar sozinho*, quando somente ele existir. Esse é o meu estado. Honrar cada um dos meus compromissos e até mesmo a sua total ausência. Afinal, na minha sincera opinião, existem questões mais relevantes para serem discutidas nos almoços de domingo. Então, caras tias, a minha resposta é bastante simples. Eu? Eu apenas vivo.

NÃO FALTA
TEMPO. FALTA
PRIORIDADE.

Uma verdade talvez impressionante para muitos: o nosso tempo é o mesmo. Claro, a percepção de cada um pode até ser distinta. *O tempo é relativo*, nos diria Einstein. Ainda assim, todos nós possuímos a mesma quantidade de horas em um único dia. Vinte e quatro, para ser exato, caso alguém esteja ocupado demais para se lembrar disso. O que muda então são as nossas prioridades. O quanto nos preocupamos com o outro e valorizamos ou não os diferentes aspectos das nossas vidas. Desejar não somente receber cuidado, mas querer torná-lo recíproco. Aliás, vou além. O tempo só nos faltará quando não estivermos mais nesse mundo. Até lá, o relógio não poderá ser o culpado pelas nossas ausências. O bode expiatório pelos nossos desinteresses. Sempre existirão segundos suficientes para dizermos ao menos um simples *eu estou aqui*. Sejamos mais sinceros então. Tempo não nos falta. Aliás, tempo nunca nos faltará. Pelo menos não enquanto estivermos vivos.

EU NÃO PRECISO
DE MUITO PARA SER FELIZ.
ISSO NÃO SIGNIFICA QUE ME
CONTENTE COM POUCO.

Eu não preciso de muito. Uma certa leveza. Sentimentos recíprocos. Dividir as preguiçosas manhãs de domingo com alguém que realmente deseje a minha companhia. Desde cada um dos meus amores até os preciosos instantes de solidão. Eu e nada além disso. Eu não preciso de algo luxuoso ou caro. Eu não preciso de grandiosas promessas nunca cumpridas. Futuros passados não me interessam. Eu aprecio os valiosos presentes. Ainda assim, não se engane. Eu não coleciono os ausentes. Eu não coleciono as evitáveis tristezas da vida, tão facilmente resolvidas. Os inevitáveis infortúnios já me bastam. No mais, eu encontro a felicidade nos pequenos gestos. Em atitudes tantas vezes tímidas, mas nunca rasas. Nunca vazias. Afinal, o meu contentamento é simples. A minha felicidade também. Eu nunca precisei de muito para ser feliz. Mas isso não significa que eu me contente com pouco.

**O AMOR
É UM ACASO PRECIOSO
DEMAIS PARA SE ARRISCAR
UM DESCASO.**

Explica-se o amor. Não explica-se o amar. É a estranha e incompreensível liberdade das nossas emoções. Desde os mais gentis sentimentos até os mais coléricos. É o inexplicável carinho de Montaigne pelo amigo La Boétie. *Se me obrigassem a dizer por que o amava, sinto que a minha única resposta seria esta: porque era ele, porque era eu.* Esse é o verdadeiro amor – um singular acaso. Amo por amar, nada além disso. Aliás, se existissem razões para amar, não seria amor. Se existissem motivos capazes de justificá-lo, seria apenas um intencional querer. Nada além disso. Essa é a beleza do acaso. Raro demais para impedirmos o seu nascer, por antigos traumas e medos do desconhecido. Raro demais para arriscarmos a sua existência com tantos descasos e gestos vazios. Os *espertos* sempre poderão argumentar contra a minha razão. *Tolice*, eles dirão, *afinal outros amores virão*. Eu concordo. Mas não como aquele. Cada amor é único, tolice é deixar de vivê-lo.

É NORMAL
TER MEDO. APENAS NÃO
SE ESQUEÇA DE TAMBÉM
TER CORAGEM.

Sim, é normal. É normal encarar o espelho ou a imensidão do teto sem saber o que o amanhã nos traz. Com medo de apagar as luzes e enfrentar a sombra. De entregar mais uma vez a nossa vida nas mãos do destino. Nas garras do descaso ou nos traiçoeiros dedos do acaso. Afinal, quantas vezes já não terminamos com os nossos sonhos e o nosso *eu* despedaçados, devolvidos dentro de escuras e frias sacolas? Sem enxergarmos o menor sinal de calor ou saída. Sem encontrarmos um único motivo para poder seguir. Não é fácil, eu sei. Não é fácil encarar o desconhecido e não sentir medo. Felizmente, não nascemos para o fácil. Nascemos para a vida. A capacidade de sentir coragem é também parte da nossa condição humana. Ser capaz de se reerguer e encontrar novos caminhos. Otimismo exagerado? Não. Um sincero realismo. A nossa constante existência atesta esta dualidade. Sem o medo, não seríamos nada. Mas, sem a coragem, também não existiríamos.

**NÃO SEJA UM
CANALHA. A CONCORRÊNCIA
ANDA GRANDE DEMAIS.**

Marcar a vida de alguém é sempre prazeroso. Existem inclusive infinitas formas de fazê-lo. Nós podemos construir lembranças graciosas e sinceras. Um verdadeiro cuidado e agradecimento por tudo o que existiu. Infelizmente, alguns escolhem maneiras piores. Marcam o outro com as profundas cicatrizes do descaso. Não se iguale a estes. Deixe estas marcas para os mais rasos. Quer ser a verdadeira lembrança de alguém? Faça-o pela sinceridade. Pelo respeito. Faça por amor – mesmo quando ele deixar de existir. A outra opção é tão insignificante. É apenas disputar com tantos outros e outras o título de desrespeito do mês. Uma irônica foto pendurada em uma moldura. Não por admiração, tenha essa certeza. Muitos outros já estiveram por ali. Contente-se em ser uma pessoa verdadeira. Talvez a mais verdadeira de toda uma vida. Essas com certeza não serão esquecidas. Os canalhas também não. Mas provavelmente não serão lembrados. Afinal, a concorrência anda grande demais.

**INSISTIR EM
CERTAS PESSOAS
É DESISTIR DE SI.**

Até quando insistir? Não foram poucas as vezes em que encarei essa pergunta. Não foram poucas também as vezes em que encontrei variadas respostas. Ainda assim, nós sempre parecemos cultivar uma estranha tendência à tortura. Uma estranha vontade de irmos bem além do que deveríamos. Então, estou mais uma vez aqui. Na eterna procura por uma verdade definitiva. Até agora, encontrei esta: *não desista de si para insistir em alguém*. Parece simples? Bem, não é. É uma árdua filosofia de vida. Afinal, quantas vezes não nos calamos? Quantas vezes não nos moldamos até pontos quase irreconhecíveis? Estranhos aos próprios olhos. Uma profunda negação e abandono. Então, esta é agora a minha mais sólida resposta. *Não desistir de si*. Não se anular por inteiro apenas para estar com alguém. Uma resposta óbvia? Talvez. No entanto, extremamente necessária. Um lembrete inevitável para os nossos atuais dias. Quando parecemos tanto insistir naqueles que já não estão mais aqui.

VIVER SEM
AMAR É APENAS
EXISTIR.

O amor e todas as suas formas. Esqueça por um momento de olhar somente o amor-paixão. O amor é muito além. O amor está presente no conselho de um pai e no colo de uma mãe. Em cada segundo da nossa existência e até mesmo nos instantes de solidão. Na graciosa maneira como enxergarmos a vida. Talvez seja esse inclusive o seu único sentido. Amar. Obviamente, não sem riscos. Não somos eternos e sabemos desta fragilidade. Por ora, não toco em qualquer imortalidade. Escrevo somente sobre o mundo das certezas. Nele, conhecemos o nosso fim. É amedrontador. Mas é esta mesma transitoriedade que nos torna capazes de amar. A consciência de não sermos infinitos nos faz querer o eterno, mesmo que no instante presente. Aliás, vou além. Talvez seja essa a nossa única e mais bela forma de eternidade. Amar o agora – e agora. Tornar cada instante valioso, mesmo com os seus inevitáveis riscos. Esse é o verdadeiro viver. Sem o amor à vida, não somos nada. Somos apenas um vazio existir.

EU NÃO PRECISO SER
A TORTA DE CHOCOLATE.
SEMPRE EXISTE ALGUÉM
APAIXONADO POR LIMÃO.

Talvez eu tenha aprendido essa lição um pouco tarde, mas o passado já não existe mais. Hoje, o presente me basta. Nele, eu finalmente entendi. Eu não preciso ser o preferido pelas massas. A torta de chocolate e a sua adocicada essência. Eu seria apenas um tolo escondido embaixo de falsas coberturas. Tentando ser o que não sou. Tentando parecer tudo o que nunca fui. Uma comparação simples demais? Talvez. Essa é justamente a sua ousadia. Aliás, é também a minha. A inevitável simplicidade e amargo sabor. Nas palavras. No jeito. Nos olhos que encaram do outro lado do balcão. O que há de errado então comigo ou com você? Absolutamente nada. Qual é a razão para permanecermos intocáveis nas prateleiras? Nenhuma. Algumas pessoas simplesmente preferem outras tortas. Essa é a graça da vida. O mundo é uma cafeteria grande demais. Nele, sempre existe alguém apaixonado por limão.

NÃO CULPE
A TRISTEZA PELA SUA
INFELICIDADE.

Tristeza e felicidade não são sentimentos opostos. Não aos olhos das minhas inacabadas teorias. Para mim, o verdadeiro oposto à tristeza é a alegria. São as duas faces das nossas emoções. Forças equivalentes do nosso existir. Enquanto alguns momentos nos alegram, outros simplesmente nos entristecem. Assim é a vida. Onde estaria então a felicidade nesta minha distorcida filosofia? Na vida em si. Nos seus sofrimentos e prazeres. Nas suas tristezas e alegrias. É a capacidade de percorrer os seus instantes exatamente como são. Sem se deixar cair diante das ilusões do prazer ou das angústias da dor. Afinal, são todas igualmente passageiras. A compassiva (e não passiva) sabedoria de transformarmos a felicidade em algo perene. Em algo além da simples busca por alegrias provisórias. Do outro lado, ganhamos também a maturidade para contemplarmos as nossas tristezas. Sem nos tornarmos infelizes diante da sua inevitável existência. Sem culparmos o acaso pelo nosso existir.

AO VIVER,
ABANDONE AS
PERFEIÇÕES.

Perfeição. A origem da palavra é do antigo latim. *Quando nada mais falta.* Uma obra completa. Acabada. Assim, a vida perfeita seria aquela que conheceu o seu fim. O homem perfeito já não existe mais. Torna-se fácil entender então os motivos pelo quais eu não desejo a perfeição. Em cada um dos instantes da minha vida e também em meus amores. Nas minhas relações. A imperfeição é o mais belo traço humano. É a condição pela qual permanecemos vivos. Sem esta liberdade, não existiria a vida. Estaríamos eternamente congelados, em critérios frios e rígidos. Aliás, quais seriam os critérios dessa perfeita prisão? Os meus ou os seus? Quem definiria o ser perfeito? Com certeza não seriam os nossos tolos preconceitos e julgamentos. Então, não se engane. Nós precisamos da imperfeição para existir. Errar, quando poderíamos acertar. Ou simplesmente viver, quando o tal *acertar* não existe. Livre-se desta triste busca pela perfeição. Apenas as obras já acabadas são perfeitas. Nelas, infelizmente, não existe mais vida.

O ORGULHO É
UMA VAIDADE. O AMOR
É UMA VIRTUDE.

Não podemos confundir certas questões. Nesse título, orgulho não representa uma satisfação pessoal. A sincera e virtuosa honra pelas nossas conquistas. Eu escrevo *orgulho* em seu mais obscuro sentido: um sentimento arrogante e inflexível. A incapacidade de aceitar e perdoar as imperfeições alheias. Obviamente, não escrevo sobre os casos extremos de constantes desrespeitos. Eu escrevo sobre quando não aceitamos qualquer traço de humanidade no outro. Uma destrutiva vaidade. Vaidade? Sim, do latim *vanitas*. Significa vazio. A constante necessidade de preenchermos os nossos medos e inseguranças, exigindo a perfeição alheia. Nós nos tornamos opressores. Inflexíveis. O seu oposto? A leveza. Amar e aceitar a nossa imperfeição. Felizmente, errar é ainda humano. Não confunda este *ser* leve com qualquer sinal de fraqueza. É o profundo conhecimento do seu próprio valor. A verdadeira covardia está ao lado de tantas outras rasas vaidades. É o *orgulho* ressentido. Já o amor exige coragem. Como todas as demais virtudes.

ÀS VEZES,
SE É MUITO EUFÓRICO,
PODE SER MUITO
EFÊMERO.

Infinitas mensagens em uma madrugada aconchegante. No dia seguinte, absolutamente nada. Infinitas declarações de amor em noites estreladas. Nas manhãs seguintes, apenas o congelante silêncio. Claro, não é sempre assim. Mas seria uma tola ilusão negar a existência do efêmero. Situações como essas são o bastante para nos sentirmos descartáveis. Para nos sentirmos perdidos entre tantas inconstâncias e vazios. Há como evitar? Talvez. Com um pouco mais de atenção e maturidade. Perdendo a constante necessidade de nos sentirmos amados e de amar mais uma vez. Infelizmente, esta pressa nos cega. Aceitar qualquer palavra de peito aberto pode ser perigoso. Atrás de uma falsa sensação de coragem, pode existir uma gigantesca tolice. Então, leia as atitudes alheias. Leia os gestos e os seus evidentes sinais de insaciáveis vazios. Algo tão eufórico pode sempre parecer um sentimento encantador. Tão intenso. Ainda assim, cuidado. Talvez não passe de um efêmero.

QUE SEJA
ETERNO ENQUANTO
TE FAÇA BEM.

Enquanto dure? Não. Enquanto te faça bem. Infelizmente, algumas histórias duram mais do que deveriam. Bem mais. E na maioria das vezes, nós somos os responsáveis por esses atrasos. Talvez por não enxergarmos o óbvio. Talvez por não aceitá-lo. No pior dos cenários, até enxergamos e aceitamos. Porém, nos consideramos bem menos do que deveríamos. Assim, deixamos estar. Assim, deixamos de ser. Seria então melhor sempre cortar os laços já nos primeiros sinais de atrito? Obviamente não. O que precisamos é amadurecer. É compreender a diferença entre *as dificuldades do cotidiano* e um *cotidiano de dificuldades*. O amor não é sempre leve e não deveria ser, por toda a sua força e importância. Ainda assim, nem toda tristeza é um amor. Aliás, talvez há muito tempo já tenha deixado de ser amor. Talvez seja apenas um simples atraso de vida. Infelizmente, durando bem mais do que deveria.

ACREDITE NO AMOR.
A OUTRA OPÇÃO NÃO É
TÃO BONITA ASSIM.

Pode parecer tolice. Ainda assim, acredite. Não significa abandonar o realismo que a vida exige. Sempre existirão pessoas que vêm, outras que vão e aquelas que não merecem sequer passar pela porta. Porém, entre essas idas e vindas, poderá ser amor. Mesmo que uma única vez. Nessa, as palavras serão sinceras. Os cuidados altruístas. Nessa, o instante presente da vida valerá a pena. Tolo demais? Talvez. Mas o cenário alternativo não me parece mais sábio. É apenas mais covarde, eu diria. Nele, estamos condenados ao vazio. Uma existência repleta de descasos e vaidades, nunca inteiramente preenchidos. Ao meu sentir, um mundo cinza demais. Aos olhos da minha razão, um mundo desumano demais. Nenhuma dessas minhas partes é capaz de desacreditar o amor. Mesmo que aconteça uma única vez. Mesmo que eu sofra por isso. Afinal, eu prefiro parecer tolo por acreditar no amor. Mas seria ainda mais tolo se dissesse que ele não existe.

O MUNDO
NÃO PRECISA DE FODÕES.
PRECISA DE HOMENS.

São tempos de exposição. Nesses, estão em moda os fodões. Todos nós os conhecemos. Seriam homens e mulheres, se não fosse pelo estranho complexo de pavão. Eternos praticantes do exibicionismo. Infelizmente – ou não – o mundo não precisa deles. Não como tanto imaginam. Por quê? Porque, na sua essência, a vida não é rasa. Não como nos efêmeros retratos e registros desprovidos de qualquer profundidade. Na vasta imensidão da vida, os fodões simplesmente não sabem nadar. São apenas falsos pilares, sem qualquer apoio ou sustentação moral. O verdadeiro valor humano não é construído por um simples parecer, mas por um ser. Um *ser* humano. São sentimentos muito além destas superficiais máscaras e filtros. Homens e mulheres dispostos a se abrirem, sem precisar se mostrar. Essa é a verdadeira urgência do mundo. Nada além disso. Porque, de exibições, já nos bastam os pavões.

O MEU CORAÇÃO
EU ATÉ RECUPERO.
SÓ NÃO DESPERDICE
O MEU TEMPO.

Parta. Termine. Ou até mesmo não comece nada. Se irá doer? Talvez. Ainda assim, eu carrego uma clara certeza sobre o meu sentir. Eu sou sempre capaz de recompô-lo. Afinal, ele nasceu para resistir. Para se refazer infinitas vezes, enquanto eu ainda estiver vivo. Uma atenção redobrada para este último trecho. *Enquanto eu ainda estiver vivo.* Então, gaste o meu coração. Seria até inevitável não calejá-lo pelo caminho. Mas, por favor, só não desperdice o meu tempo. Esse infelizmente eu não sou capaz de reaver. Eu não sou capaz de correr atrás dos segundos perdidos. Imagine então das horas desperdiçadas ou de páginas do calendário preenchidas somente com presenças vazias. Por isso, entre quando quiser ficar. Parta quando não desejar mais a minha companhia. Eu não tenho talento para meios-termos e cultivo uma incurável ternura pelas certezas da vida. Entre elas, esta específica. *O meu amar é infinito, mas o meu tempo não.*

**TORNE-SE O
SEU MELHOR EU,
SEM DEIXAR DE
EXISTIR.**

Todos nós mudamos. Constantemente. A cada instante, deixamos de ser o nosso antigo *eu* para assumirmos uma nova existência. As razões? São infinitas. O tempo. O espaço. O nosso *sentir*. Nós mudamos quando não nos sentimos mais confortáveis em nossos velhos sapatos. Porém, também nos transformamos a cada nova experiência. É o eterno nascer de um novo *eu*, até deixarmos de existir. Algumas vezes, é um *eu* autêntico. Mais transparente aos nossos próprios olhos. Nós nos reconhecemos ali. Porém, não é sempre assim. Em muitas outras vezes, nós nos distorcemos por completo. Frutos da inesgotável tentativa de preencher as inseguranças próprias e as expectativas de um outro alguém. Na constante busca por uma perfeição inexistente, deixamos também de existir. As nossas singularidades atestam a nossa existência. Sem elas, não seríamos nós mesmos. Seríamos apenas o vazio. O nada. Tenha então a constante ousadia de mudar. Ainda assim, sem nunca deixar de existir.

**AMAR
É SABER
TERMINAR.**

Terminar? Sim. Terminar. Porque talvez o amor já não exista mais no presente, mas com certeza existiu no passado – nos casos sinceros, é claro. Por esse antigo amor, saiba partir. Pelos valiosos momentos compartilhados, presenteie o outro com o seu último cuidado. A liberdade de poder seguir. A liberdade de poder vivenciar novamente todos os encantos da vida. Agora, com um outro alguém. Ou até mesmo sozinho. Afinal, amar é estar ao lado enquanto se ama. Mais ainda, é saber terminar quando o amor deixar de existir. Essa é a perfeita tradução do termo compromisso. *Agir em nome de alguém*. Então, troque possíveis humilhações pela sinceridade. Troque possíveis desrespeitos futuros pela coragem de dizer o que não sente mais. Honrar um amor é uma das nossas mais valiosas virtudes. Em todas as suas fases e instantes. Em todos os seus dias. Inclusive naquele que ele deixar de existir.

SÓ UM AMOR
CURA O OUTRO:
O PRÓPRIO.

Um amor não cura o outro. Exceto, é claro, o amor próprio. Fora ele, todos os demais amores deveriam sempre nascer por beleza própria e do mais genuíno acaso. Nunca como algo premeditado, a inútil tentativa de preencher o vazio deixado por um outro alguém. Como um degrau improvisado para superar um empecilho antigo. *Trate o outro como gostaria de ser tratado.* Usar o coração alheio como estepe está muito longe disso, eu imagino. Apenas o respeito pelo próprio eu é capaz de cicatrizar por completo e mostrar a superficialidade das mágoas antigas. Além, é claro, da compreensão dos nossos atos e suas consequências. Um processo muitas vezes doloroso. Nestes momentos de dor, outras formas de amor são sempre bem-vindas. O colo de uma mãe. As doces verdades pronunciadas por um amigo. Ainda assim, o sentimento será sempre nosso. Somente nosso. Não utilize um outro alguém. Primeiro, amadureça. Depois, se cure sozinho.

CUIDADO.
ALGUNS EGOÍSMOS
CHEGAM DISFARÇADOS
DE FALSOS CARINHOS.

Liguei para saber como você está. Mentira. Ligou por uma vaidade. Por uma carência. No fundo, ligou para saber se ainda faz falta e aproveitar para parecer gentil. Para mostrar, aos olhos alheios, o quanto é bondoso e atencioso. Nessas horas, não se engane. Obviamente, não engane o outro também. O verdadeiro cuidado está em não ligar. Em não preencher as suas inseguranças com falsos carinhos. Porque, do outro lado, alguém sempre sofre. O correto é deixá-lo sofrer sozinho. O outro não precisa de falsas esperanças. O outro não precisa enxergar algo que já não existe. Você escolheu não ser mais parte daquela vida, então deixe-a seguir sozinha. Você não precisa se fingir presente para se sentir amado. Aprenda a estar sozinho. Aos demais, eu apenas peço cuidado. Um constante cuidado. Afinal, existem muitos egoísmos vagando pelo mundo. Alguns, infelizmente, se disfarçam de falsos carinhos.

**FALTAM HOMENS
NO MUNDO. NÃO POR GÊNERO,
MAS POR CARÁTER.**

Acredite, eu já andei bastante. Pelas ruas. Pelo mundo. Pela vida. Infelizmente, preciso concordar com o que muitos dizem. Faltam homens no mundo e não por uma questão de gênero. Faltam seres verdadeiramente humanos. Eu poderia colecionar tantas histórias repletas de indiferenças e covardias. Se eu não erro? Erro. Muitas vezes, diga-se de passagem. Mas erro pelas minhas imperfeições, não por tantos descasos e egoísmos. Não por querer me tornar apenas mais um vazio. Não são poucos os nossos exemplos. Mestres das dissimulações, especialistas em fingir e fugir. Nunca fazem o que dizem e nunca dizem o que fazem. São apenas caras com infinitas caras. Colecionadores de tantas conquistas, sem nunca conquistar qualquer admiração. Qualquer respeito. Vêm e vão, quase sempre em vão. Deixam apenas o rastro das suas ausências. Infelizmente, eu preciso concordar. Faltam homens no mundo, mas não por gênero. Por caráter.

**LOGO
ESSA DOR PASSA.
MESMO QUE NÃO TÃO
LOGO ASSIM.**

Eu serei feliz de novo, não? Sim – você com certeza será. Como também encontrará outras tristezas. Outras angústias trazidas pela vida. É inevitável. Talvez não sejam as mesmas e não nasçam dos atuais motivos. Aliás, algumas dessas angústias futuras provavelmente te mostrarão uma certa tolice pelas preocupações de hoje. Mas deixe isso para o *eu* de amanhã. Por ora, apenas uma única verdade importa. *A vida que nos machuca é a mesma que nos cura.* Dói, eu sei. Eu conheço profundamente essas dores de cada desencontro. De cada inesperado acidente. Porém, não se apresse em assoprar feridas ainda não cicatrizadas. Deixe-as respirarem sozinhas. Até lá, chore quando precisar. Grite, se sentir raiva ou dor. Um dia, você perceberá. *Não* vale mais a pena chorar. Simplesmente não vale. Neste dia, você entenderá a beleza das minhas palavras. Você entenderá a beleza do tempo e dos seus caminhos. Até lá, respire. Logo, essa dor passa. Mesmo que não tão logo assim.

**COMO FAZER
DURAR O QUE NASCEU
PARA TER UM FIM?**

Talvez esta seja a mais dura realidade. *Todo o amor nasce para ter um fim.* Seja o dele ou o nosso. O segundo caso, eu prefiro não tratar por enquanto. Deixo para outros momentos toda a complexidade do além da vida. Ainda assim, não poderia deixar de discutir o fim dos amores. Afinal, se o amor é a inexplicável combinação entre o desejo pelo desconhecido e a alegria na presença, como evitar o seu fim? Como evitar que o encantamento seja esmagado pela imensidão do tempo e da rotina? Antes de mais nada, reconhecendo esta verdade. Entendendo a sua finitude. Por quê? Por dois motivos. Primeiro, se aceitamos o fim como algo real, deixamos de nos iludir com tentações passageiras. Além de vazias, elas também se esgotariam. O segundo motivo, pelo menos para mim, é bem mais encantador. Ao entendermos as veracidades (e voracidades) dos fins, nos esforçamos ainda mais contra os seus efeitos. Afinal, tudo o que nos parece seguro exige pouca dedicação. Torna-se então essencial reconhecer as possibilidades de um fim. Principalmente para que ele não exista.

AOS POUCOS,
TODO MUNDO MORRE.
NÃO FACILITE A TAREFA
DEIXANDO DE VIVER.

Lembra-se de que somos pó. Nada além disso. Assim, estamos todos sujeitos aos desgastes do tempo. Uma força inevitável da qual nenhum ser é capaz de escapar. A efêmera e frágil condição de toda matéria. *Ser nada além de pó.* Um único fragmento, totalmente entregue aos acasos e tormentas da vida. Ainda assim, até mesmo o mais simples grão pode assumir infinitas formas. Como o pólen ou a poeira. O viver ou o permanecer. O primeiro é o símbolo da existência. O segundo é a eterna condenação do inexistir. O pólen vive cada instante de todas as suas fases – ascendentes ou descendentes. Faz do seu inevitável desgaste toda a beleza da sua vida. A poeira, não. A poeira condena o seu existir à morte, tornando-se apenas uma estática observadora. Sem nunca se tornar a protagonista da própria existência. Assim, apenas despreza todo o seu tempo. Afinal, cada dia a mais é também um dia a menos.

**O AMOR SE
CONSTRÓI NOS DIAS,
NÃO NAS DATAS.**

Grandes amores são construídos de pequenos gestos. Simples detalhes, ainda assim tão capazes de transformar uma rotina. Sim, uma rotina. Afinal, ela sempre existirá. A felicidade está então nas diferentes formas de construí-la. Uma rotina pode ser carregada e incolor. Somente um existir. Ou suave e carinhosa. O brilho de uma verdadeira existência. A diferença? Esses detalhes. Gestos e cuidados essenciais para preservar o sentimento. Tornam o próprio amor mais amável. A preocupação de perguntar ao outro se tudo está bem e realmente querer ouvir. Sim, realmente querer ouvir. As grandes datas e declarações não possuem nenhum valor? Muito pelo contrário. O seu valor nasce justamente por serem esporádicas. Raras e grandiosas, reforçam o sentimento. Porém, nunca o sustentariam. Na plenitude, o amor se faz de moletons e meias. Ao longo de tão longos dias. Então, aproveite as datas. Sempre as cultive. Mas, quando o amanhã for apenas mais um amanhã, não se esqueça. Repita.

PARA BOM ENTENDEDOR, MEIA AUSÊNCIA BASTA.

Estava ocupado. Estava doente. Estava sem bateria. Sempre existe um estar para justificar a ausência de outro: o estar ali. A tecnologia nos trouxe infinitas possibilidades. Nos conectamos com qualquer pessoa a qualquer momento. Infelizmente, essas mesmas possibilidades trazem uma perigosa ilusão. O risco de acreditar que o outro sempre estará disponível. Sempre esperando pelo seu retorno. Com isso, alguns se tornam verdadeiros mestres das pequenas ausências. Depois, voltam como se nada tivesse acontecido. "Desculpa, eu estava _____." (Preencha esse espaço com alguma justificativa vazia). Claro, um alguém sempre merece a nossa confiança. Sempre merece a chance de se mostrar presente. Mas existe um limite. O respeito. A linha tênue entre a confiança e a tolice. Então, saiba ler as entrelinhas vazias. Nelas, a mensagem é clara. Para bom entendedor, meia ausência basta.

**EM TEMPOS
DE DOR, SE ARME.**

Não há como negar: somos seres reativos. Os magníficos princípios de Newton já nos ensinaram isso. *Para toda ação, uma reação.* Uma lei válida não somente para o universo, mas também para todos os indivíduos. A diferença fundamental? O livre-arbítrio. Ao contrário dos corpos inanimados, nós somos seres parcialmente livres para decidir como reagir. Parcialmente? Sim. Afinal, temos os nossos instintos e emoções. Contudo, podemos decidir qual lado humano cultivar. A coragem ou o ressentimento. Uma certa leveza ou a mais corrosiva agressividade. O segundo caminho é um desperdiçar da própria vida. Nele, nos escondemos do mundo atrás de rancorosas e vingativas barreiras. Com isso, atingimos principalmente a nós mesmos. Sufocados entre sentimentos tão rígidos. Não vale a pena. A vida é um piscar de olhos. Breve demais para nos tornarmos ressentidos. Obviamente, não deixe de ter cuidado. Saiba caminhar entre tantos estilhaços. Ainda assim, nunca se arme. Em tempos de dor, apenas se ame.

**TALVEZ A ÚNICA
RESPOSTA SEJA SEGUIR
EM FRENTE.**

Talvez existam perguntas demais. Tantas tentativas nascidas da inútil busca por explicações. O eterno perseguir de razões capazes de explicar os desencontros da vida. Afinal, quantas vezes não nos sentimos perdidos em meio ao nada? Tentando entender os motivos para os nossos sofrimentos e tantos vazios alheios? Sem ao menos nos lembrarmos de como chegamos até aquele ponto. Sem sabermos bem quais encruzilhadas a vida tomou e esqueceu de nos avisar. Entre tantos desvios, nós terminamos confusos. Diante de tantas perguntas e tão poucas respostas. Tantos questionamentos, talvez donos de um único sentido. Enfrentar. Enfrentar o inevitável e nos livrarmos da cansativa busca por razões. Da desgastante perseguição sem qualquer fim. Sinceramente, não vale a pena. Talvez a única resposta seja a nossa antiga conhecida. *Apenas seguir em frente.*

**NÃO DEIXAMOS
DE AMAR. DEIXAMOS
APENAS DE NOS ILUDIR.**

Maturidade. Esse poderia ser o título deste ensaio. Nada além disso. Afinal, não deixamos de amar. Não importa a nossa idade, seremos eternos apaixonados. Apaixonantes. Redescobriremos a graça dos primeiros olhares como se nunca antes os tivéssemos conhecido. Exceto, é claro, por uma única ressalva: deixamos de nos iludir. O tempo não desgasta o peito. Não desgasta a nossa capacidade de amar. Ele apenas amadurece a alma. Passamos a abraçar tantas imperfeições com mais leveza. As nossas e alheias. Afinal, todos nós carregamos os nossos medos e traumas. As antigas mágoas e manias. Com o passar dos anos, e algumas quedas, nós aprendemos a respeitá-las. Entendemos o valor das imperfeições e o quanto elas nos tornam reais. Assim é a vida. Não são as falsas promessas românticas sobre eternidades tão irrealistas. São verdadeiros amores. O mundo é então menos gracioso do que os livros? Muito pelo contrário. Os romances apenas preenchem as páginas. Os amores preenchem a vida.

**SEJA LEVE,
MAS NÃO SEJA
COVARDE.**

Engana-se quem pensa que a felicidade é um caminho fácil. Aliás, desconfie de promessas vazias. De discursos rasos e ilusórios sobre uma felicidade que não existe. A vida exige mais. Muito mais. Se é possível percorrê-la com leveza? Claro. É exatamente este o valor de qualquer sabedoria. O risco é confundirmos leveza com covardia. Na sua essência, a vida é feita de incertezas. De angústias capazes de esmagar até mesmo o mais resistente dos indivíduos. Um pensamento duro demais? Talvez. No entanto, realista. É preciso coragem. É preciso cultivar a capacidade de perdurar, mesmo quando tudo mais parecer desprovido de sentido. Não deixaremos de sentir medo. Ainda assim, não é preciso. Não perderemos as nossas ansiedades. Seria também impossível. Basta não nos tornarmos covardes. A felicidade exige mais do que isso.

**AMOR,
EU AINDA ACREDITO
EM VOCÊ.**

Eu sei, caro Amor. Não são tempos fáceis. Você anda bastante desacreditado. Até mal-falado, eu diria. Quantas vezes já não ouvi te desmerecerem pelas ruas? *O amor não existe.* Ou *amar é uma grande tolice.* Sinceramente, eu até entendo os motivos. Não foram poucas as vezes que nós dois nos desencontramos também. Entre estilhaços e lágrimas. Entre ensurdecedores silêncios e inevitáveis fins. São várias as decepções vagando pelo mundo em seu nome. Sem ninguém para acolhê-las. Sem motivos concretos para entender o porquê de tantos desencontros e egoísmos. Ainda assim, apesar de todos os seus pesares, eu ainda acredito. Seria tolice não acreditar. Quantas vezes você já não me tornou um homem melhor? Até mesmo nas suas ausências. Quantas vezes eu não te senti e reconheci em mim? Talvez seja apenas a tola esperança de um escritor. Porém, são raras as tolices que já cometi em minha vida. Então, não ligue para o que os outros falam, caro Amor. Eu ainda acredito em você.

POSFÁCIO

**A VIDA
NÃO ESPERA.**

O *homem que sente*.
Sim, ele existe. Ele nasce aos meus quase trinta anos e traz consigo toda a minha escrita. Uma escrita anônima em seus primeiros ensaios. O *homem que sente* me presenteou com a leveza necessária para revelar a minha alma sem nunca ser reconhecido. Algo que já não é mais assim. Agora, somos um só homem. Nele, eu encontrei o meu verdadeiro *eu*.

Ainda assim, a beleza do seu nascimento não está em mim. Como cada um de nós, a beleza do seu nascimento está em uma mulher.

Ela.

Nós nos conhecemos há dez anos. Em uma das minhas estranhas passagens pelos diferentes cantos do mundo. Foi a única vez que nos vimos. Sim, a única vez. Naquele final de semana, nós dividimos algumas horas. Somente algumas horas, entre tantos outros desconhecidos. *Eu e ela*, nada além disso. Nada além do encontro dos nossos olhos e algumas palavras trocadas. Ainda assim, algo aconteceu. Algo único e inexplicável, capaz de mudar para sempre as nossas vidas. *Durante os dez anos seguintes, nós nos mantivemos próximos.*

Nós fizemos daquele simples encontro um sentimento. Uma história inteira construída à distância, *sem nunca nos encontrarmos novamente*. Entre mensagens e telefonemas. Entre cuidados e carinhos. Todos os nossos medos e sonhos foram revelados por completo, sem qualquer desconfiança entre nós dois. Sem qualquer máscara. Já não éramos mais dois desconhecidos. Agora, éramos um *nós*. Um *ele* e um *ela*.

Éramos também uma promessa. *Nós nos encontraremos um dia.*
Um dia? Sim, um dia. Afinal, ainda conservávamos o mais belo traço da juventude. A total despreocupação com o amanhã e os seus destinos. Durante esses dez anos, nós permanecemos livres. Moramos também em outros peitos. Conhecemos outros amores. Nesses momentos, sempre nos afastávamos. Respeitávamos os demais compromissos nascidos em nossas vidas. Ainda assim, algo permanecia único. Nós sempre voltávamos.

Como dois corpos atraídos pela força da nossa história, nós sempre retornávamos ao instante inicial. Era como se nada tivesse mudado entre nós dois. Apesar de qualquer distância, nós sempre permanecíamos inteiros. Sempre permanecíamos o nosso *nós,* como se nunca houvéssemos partido. Éramos o nosso *ele* e *ela*.

Em muitas dessas voltas, ela me acolheu. Mesmo à distância, ela era capaz de acalmar as minhas dores de outras histórias. As angústias e tristezas de viver. Em troca, eu era inteiramente recíproco. Nós cuidávamos um do outro. Éramos amigos e confidentes, além de homem e mulher.

Eu me tornei tantas vezes a sua razão para voltar a sorrir. Ela também. Assim, nós dois seguíamos. Entre as idas e vindas da vida.

Então, quando eu menos esperava, ela me procurou. Não era um retorno comum e qualquer, como todos os seus anteriores. Não era apenas mais um voltar para o nosso tão distante mundo. Era algo diferente. Era a nossa antiga promessa de reencontro sendo cumprida. Uma única mensagem, capaz de mudar para sempre a nossa história.

Eu estarei aí este final de semana. Nos vemos? Foram estas as suas exatas palavras. Agora, nós nos reencontraríamos. Era como se o tempo nos levasse de volta para o instante no qual nos conhecemos. Após uma longa década, poderíamos finalmente existir. *Poderíamos.* Afinal, todos nós sempre podemos. *Ainda assim, quantas vezes não nos calamos ou nos anulamos? Quantas vezes não silenciamos um sentimento sincero e o desejo de dividir uma vida?*

Então, eu não respondi.

Eu não fui nada além de silêncio. Após uma década inteira, não fui capaz de respondê-la. Os motivos? Eu já havia preenchido aquela mesma noite com algum vazio. Um compromisso superficial e qualquer – apenas para acalmar as minhas vaidades. Os detalhes? Não importam. Basta somente entender os meus motivos para não respondê-la. Para ignorá-la por completo. Agora, eu os explico.

Ela sempre esteve ao meu lado. Um estranho amar, capaz de resistir até mesmo às minhas ausências e os desgastes do tempo. Se já havíamos esperado tantos anos, por que não poderíamos esperar um pouco mais? *Um outro dia*, eu a encontraria. Quando? Quando eu deixasse de lado todo o meu desejo de *aproveitar a vida*. O desejo de me sentir *inteiramente preenchido* com tantas experiências vazias.

Estes últimos *itálicos* traduzem as ilusões do meu antigo *eu*. Um homem incapaz de compreender o verdadeiro sentido da vida. Um homem incapaz se entregar por completo e amar. Eu era somente um vazio, nada além disso. Nada além de uma tola ilusão. Qual? Esta. *Durante dez anos, ela me esperou. Com certeza me esperaria dez anos mais.*

Mas a vida não. Infelizmente, *a vida* não *espera*. Três dias após a minha total ausência, eu a procurei. Infelizmente, não encontrei nada. Encontrei apenas a triste notícia sobre o seu fim. Naquele acidente, morremos os dois. Neste mundo, nós nunca mais nos encontraríamos. Neste mundo, nós não poderíamos mais existir. Então, eu me desfiz.

Por que ela? Por que justamente ela precisava partir? Eu trocaria toda a sua vida e existência pela minha. Eu trocaria a minha ausência nos últimos dias por alguns segundos a mais ao seu lado. Alguns poucos segundos, em que eu pudesse simplesmente dizer. *Eu amei você. Fica.*

Foi a mais triste notícia de toda a minha vida. Naquele instante, eu sentia a beleza da nossa história escorrer diante dos meus olhos. Nós estávamos nos desfazendo por completo e eu não encontrava uma única forma de segurá-la em mim. Eu me sentia um nada. Um covarde. Talvez o nosso breve reencontro mudasse o destino. Talvez uma simples resposta para aquela mensagem fosse capaz de alterar o seu caminho e preservar a sua vida. O seu existir.

A angústia me consumia. Eu não era nada além de desespero. Da total escuridão. Nela, nasceu uma luz. Este primeiro ensaio. "A vida não espera". Um fragmento tão meu quanto dela. O primeiro ensaio de nossas vidas. Afinal, cada uma destas linhas traz a nossa história. Cada uma destas linhas traz hoje a sua vida. A escrita foi a mais sincera forma de mantê-la ao meu lado. O transformar de cada lágrima em tinta. Assim, eu a eternizei em mim.

Naquele instante, nasceu também um escritor. Este escritor, o *homem que sente*. Um homem ainda incapaz de compreender todas as suas tristezas e o sentido do mundo. Ainda assim, um homem finalmente capaz de encarar a própria vida e transformá-la em sabedoria. Hoje, nós nos tornamos um só *homem*. Um único *eu*.

Enquanto revivo cada lágrima daquela noite, eu o reconheço em mim. São os meus olhos. A minha história. A minha vida. Ainda assim, não são apenas os meus. Eles trazem também os olhos dela. Hoje, eu confesso ao mundo a verdadeira razão do meu escrever.

Hoje, eu confesso ao mundo toda a razão do meu *sentir*.

www.homemquesente.com
instagram: @homemquesente

Fonte TIEMPOS
Papel POLÉN BOLD 90 g/m²